BREVE HISTÓRIA DA BOSSA NOVA

CB015424

Guca Domenico

BREVE HISTÓRIA DA BOSSA NOVA

EDITORA
Claridade
São Paulo – 2008

© *Copyright*, 2008 – Guca Domenico

Todos os direitos reservados.
Editora Claridade Ltda.
Av. Dom Pedro I, 840
01552-000   São Paulo SP
Fone/fax: (11) 6168-9961
E-mail: claridade@claridade.com.br
Site: www.claridade.com.br

Preparação de originais: Guilherme Laureto Summa
Revisão: da editora
Capa: Adriana Ortiz sobre foto de Thaís Pelin
Editoração Eletrônica: Eduardo Seiji Seki
Fotos: Mário Luiz Thompson – págs. 25, 40, 65/Thaís Pelin – pág. 49/Imagem
     Foco Com Ltda. – págs. 14, 21, 53/Capa Disco: *Rio, capital da bossa nova*
     1964 – Elenco – pág. 48

Ilustrações: Cristina Carnelós – págs. 11, 17, 22, 33, 37, 43, 47, 50, 54, 56, 62,
     66, 72

ISBN 978-85-88386-69-3

Dados para Catalogação

Domenico, Guca

   Breve história da bossa nova / Editora Claridade, São Paulo,
2008 / Coleção Saber de tudo
   80 p.

   1. História da bossa nova   2. Música

CDD 780.907

Índice sistemático para catalogação:

027 – Bibliotecas gerais
028 – Bibliotecas escolares
780 – Música
780.92 – Músicos e suas obras

Ainda que muitos afirmem o contrário, a bossa nova foi um movimento que provocou a nacionalização dos interesses musicais no Brasil. Como se sabe, a bossa nova reavivou e reformulou um sem-número de antigas formas musicais brasileiras; trouxe para a prática musical urbana uma série de motivos do nosso folclore; refreou, após o seu sucesso popular, a importação de artistas do exterior, e assim por diante.

Júlio Medaglia
em *Balanço da Bossa e outras bossas*.

Sumário

1. Música popular à brasileira 11

2. Novo mundo, nova música 17

3. O Tom da bossa 22

4. Amor em paz 33

5. Um João, uma revolução 37

6. Carnegie Hall: (des)concerto 43

7. Elenco de primeira 47

8. Eu não existo sem vocês.. 51

9. A nova da bossa 72

Outra leituras, outras visões.. 76

Sobre o Autor 78

Música popular à brasileira

A música popular brasileira se distingue de outras, entre tantas coisas, pela capacidade de assimilar informações rítmicas, melódicas e harmônicas de outras culturas e reprocessá-las, preservando ou adaptando elementos originais para um jeito peculiar de execução.

O músico brasileiro tem no suingue seu grande diferencial, a levada diferente que faz com que a execução da música tenha "assinatura" própria. É a tal bossa que causa desassossego e faz o corpo querer balançar involuntariamente. Qualquer ritmo adotado pelo músico brasileiro tende a ganhar uma ginga envolvente, quase sempre animada.

No início era a imitação

Originário da África, o lundu[1], uma das primeiras danças a fazer sucesso no Brasil Colônia, ao se misturar com outros

---

[1] O lundu é uma dança que combina a umbigada dos terreiros africanos com a coreografia dos fandangos espanhóis e portugueses, com estribilho marcado por palmas dos participantes.

elementos, não escapou da miscigenação cultural que marca a cultura brasileira. José Ramos Tinhorão lembra que, caracterizado pela coreografia da umbigada e da marcação de palmas do ritmo de estribilho, "o lundu reunia os dois elementos que, acrescidos do castanholar dos dedos com as mãos erguidas sobre a cabeça – imitados do fandango –, iam-lhe conferir sua maior originalidade[2]."

Quando a bossa nova começou a se formatar informalmente, alguns críticos disseram que era imitação do *jazz* norte-americano[3]. Cabe perguntar: por que os críticos não reconheceram como virtude essa capacidade de "imitar" – que supostamente conferiu originalidade ao lundu? E se o próprio *jazz* era síntese de várias linguagens musicais, por que a bossa nova deveria nascer sem influências? Provavelmente porque era música produzida por jovens da classe média do Rio de Janeiro, enquanto o lundu se originava das classes de baixa renda.

Bode geral

Com a explosão da bomba atômica[4] selando o final da Segunda Guerra Mundial, o mundo vivenciou uma depressão

---

[2] José Ramos Tinhorão, *in História social da música popular brasileira*, Editora 34, 1998, pp. 101-102.

[3] Carlos Lyra, um dos compositores da primeira geração da bossa nova, compôs *Influência do jazz*, cuja letra diz "pobre samba meu/foi se misturando, se modernizando e se perdeu". Ironia ou não, a riqueza da música e do arranjo, fundamentalmente jazzísticos, mostram o contrário.

[4] No dia 6 de agosto de 1945, o Enola Gay, avião do tipo B-29, pilotado por Paul Warfield Tibbets Jr., lançou a primeira bomba atômica sobre alvos humanos. Num raio de dois quilômetros do hipocentro da explosão tudo foi destruído: prédios, vegetação, pessoas. A onda de calor que emitiu raios térmicos, como a radiação ultravioleta, transformou a cidade japonesa de Hiroshima num deserto desolado.

coletiva. A explosão deixou mais do que partículas radioativas no ar: o clima psicológico pesou. Aflorou a descrença na incapacidade humana de lidar com diferenças. A partir dali, a juventude passou a se manifestar a seu modo, expressando os conflitos sem se importar tanto com o conteúdo, e sim com a atitude. Surgiram mitos como a juventude transviada[5] e o *rock'n' roll* virou mais do que estilo musical: os trejeitos e requebros do ritmo eram manifestações evidentes de que algo precisava ser notado pelo mundo adulto.

Música de exportação

Apesar de sua riqueza melódico-harmônica e multiplicidade de ritmos, até os anos 1950 a música popular brasileira era conhecida internacionalmente pelos sambas brejeiros da "baiana" Carmem Miranda[6], que propagava a imagem do Brasil como uma exótica república de bananas[7] desconectada com o que havia de moderno no mundo.

---

[5] Lançado em 1955, o filme *Juventude Transviada*, dirigido por Nicholas Ray, estrelado por James Dean e Nathalie Wood causou grande impacto sobre os jovens, pelo comportamento "rebelde sem causa" do personagem principal, reflexo do desinteresse da juventude pela política.

[6] Maria do Carmo Miranda da Cunha nasceu no dia 9 de fevereiro de 1909, na Freguesia de Várzea da Ovelha, distrito do Porto, em Portugal. O apelido Carmem foi dado pelo pai, um barbeiro apaixonado por óperas. Ganhou fama mundial graças ao cinema norte-americano, com uma imagem tropical construída com figurinos exuberantes cheios de apetrechos, os chamados balangandãs.

[7] Termo pejorativo originário do inglês (*banana republic*) para designar países com governos não democráticos ou ditaduras caricatas que exportavam matéria-prima, como banana e outras frutas tropicais, em lugar de produtos industrializados.

Carmem Miranda

Carmem Miranda manipulava magistralmente sua imagem, sabia o que o cinema norte-americano esperava dela e transformou-se num ícone da política de boa vizinhança[8]

---

[8] A *Good Neighbor Policy*, política da boa vizinhança, do presidente Franklin Delano Roosevelt, adotada a partir de 1933, mudou as relações dos EUA com os países latino-americanos. Descartando o uso da força para resolver conflitos, utilizou a cultura e a arte para promover a "integração" com seus parceiros.

entre Brasil e Estados Unidos. É inegável a importância da "Pequena Notável" para a divulgação do produto cultural brasileiro no principal mercado consumidor mundial. Sua morte em 1955, com 44 anos, ainda que tenha provocado um vazio na visibilidade da música brasileira no exterior, poupou-a de ser empecilho para a modernização.

A bossa nova e Carmem Miranda estão ligadas pela figura de Aloysio de Oliveira, músico e produtor[9] que acompanhou a cantora nos Estados Unidos, e ao voltar ao Brasil fundou o selo "Elenco" responsável pelo lançamento de alguns discos fundamentais da bossa nova.

A vivência no meio cinematográfico e musical dos EUA, deu a Aloysio de Oliveira uma visão artística cosmopolita. Aloysio detectou no incipiente movimento (surgido ao acaso), na zona sul do Rio de Janeiro, grandes possibilidades comerciais. Ao criar um ritmo híbrido do samba, a nível internacional a bossa nova ocupou o lugar de Carmem Miranda e deu status para a cultura brasileira, inserindo-a nos respeitados meios musicais internacionais – especialmente entre os jazzistas – provocando um "culto circuito"[10].

---

[9] Aloysio de Oliveira (violão e solista vocal), Oswaldo Éboli, "Vadeco" (pandeiro), Hélio Jordão Pereira (violão), Ivo Astolphi (banjo e violão-tenor), Afonso Ozório (ritmo e flautinha), Stênio Ozório (cavaquinho) e Armando Ozório (violão) formavam o Bando da Lua. Esse conjunto acompanhou Carmem Miranda em apresentações e filmes durante o período em que ela morou nos EUA. O violonista Garoto (Aníbal Augusto Sardinha) também chegou a fazer parte do grupo.

[10] O fato de ter sido adotada por renomados músicos de *jazz* deu à bossa nova o status de música de qualidade. O *jazz* não popular entre os leigos vivia num circuito restrito, porém respeitado por especialistas e formadores de opinião. Com o aval dos jazzistas, a bossa nova se destacou no meio artístico norte-americano e de lá para o mundo.

Depois da apresentação "oficial" nos EUA com o antológico concerto no Carnegie Hall, a bossa nova caiu nas graças de artistas norte-americanos, como Herbie Mann, Charlie Byrd, Stan Getz e Frank Sinatra – este apadrinhou o talentoso Tom Jobim, abrindo as portas do fechado mercado norte-americano para o carioquíssimo compositor.

A partir da inserção da bossa nova no mercado norte-americano, o ritmo ganhou o mundo, os músicos foram seduzidos pelas harmonias dissonantes, riqueza rítmica e grande possibilidade de improvisação.

A bossa nova sempre prezou pela sofisticação. A formação dos bossanovistas nunca foi rasa. Tom Jobim, por exemplo, estudou música com o maestro Hans Joachim Koellreutter. Um dos principais letristas, Vinícius de Moraes, era diplomata do Itamaraty e tinha livros de poesia publicados.

Não será nenhuma temeridade afirmar que não passava pela cabeça dos participantes do movimento bossa nova que a tendência musical que eles estavam criando se transformaria num grande negócio comercial, abrindo o mercado futuro de todo o mundo para milhares de músicos brasileiros.

Até hoje a imagem de Carmem Miranda resiste no inconsciente coletivo mundial como produto musical brasileiro – porque a "Pequena Notável" foi uma artista genial e única –, mas a bossa nova aos poucos se assenhora e se faz presente como a mais legítima tradução da moderna música brasileira.

Novo mundo, nova música

O ditado milenar atribuído aos chineses – "Assim na vida, assim na música" – ensina que esta reflete o estado de espírito de um povo. Conta-se que quando o imperador visitava as províncias distantes, antes de ouvir os políticos locais mandava chamar os músicos. De acordo com a qualidade da música produzida, descobria se o lugar era habitado por pessoas indolentes, guerreiras, cultas, lascivas etc.

Trazendo esse ensinamento e aplicando ao ocidente moderno, veremos que a música produzida depois da Segunda Guerra Mundial dizia a quem se dispusesse a ouvir que o mundo estava passivamente melancólico e/ou potencialmente revoltado. A trilha sonora mundial trafegava nestes dois estados psicológicos: predominavam o dolente e lamurioso bolero e seus assemelhados, e o nascente *rock'n'roll*, pulsante, que dava meios para extravasar energia através da dança frenética.

Trilha sonora

Esse cenário musical não atendia aos anseios da juventude afastada dos centros de poder onde se discute e determina os rumos políticos e econômicos do mundo. Muitos jovens dos EUA foram para a guerra, alguns voltaram sãos, outros feridos, milhares morreram – alguns eram amigos ou parentes. Na Europa, palco de tantas batalhas, a destruição bateu à porta. A desesperança diante do resultado era mais do que natural.

Se descontarmos o clima pesado que pairava no ar e afetava a saúde psicológica do planeta, o jovem brasileiro estava saudavelmente alienado e não tinha razões diretas para se revoltar através da energia visceral do *rock'n'roll* e nem tinha vivências traumáticas amorosas para se derramar nos lamentos do bolero. Então, voltemos ao ditado chinês "assim na música, assim na vida". *Era natural que a juventude brasileira buscasse alternativas filosóficas e estéticas mais adequadas à colorida paisagem brasileira do que ao cinza do holocausto.*

Rebeldia tropical

No Brasil do final dos anos 1950, os maiores sucessos em português foram *Meu mundo caiu* (com Maysa), *Atiraste uma pedra* (com Nelson Gonçalves), *Estrada do sol* (com Agostinho dos Santos), *Castigo* e *Fim de caso* (com Dolores Duran) e *Balada triste* (com Ângela Maria). Samba-canção e bolero: tristeza, lamento, desilusão. As músicas estrangeiras mantinham o diapasão da melancolia com boleros de Consuelo Velásquez, Perez Prado, Chuck Rio, Pablo Galan e abria a cortina do *rock'n' roll* através de Paul Anka (*Diana* e *You are my destiny*) e Neil Sedaka (*Oh! Carol* e *Stupid cupid*,

A rebeldia sem causa é um estado de espírito de quem está tomando contato com o mundo adulto e não consegue traduzir os signos deste mundo, mas isto é, no mínimo, estranho num país tropical onde tudo parece favorável e o coqueiro dá coco[11]. Não se visualizava na paisagem brasileira a destruição por bombardeios, ao contrário, havia praia, sol, coqueiros. Como criar música para uma vida não vivida, a não ser através do mimetismo do colonizado cultural?

A grande rebeldia do jovem brasileiro foi não aceitar a tristeza (chega de saudade! – decretaram os bossanovistas) do Velho Mundo, nem a artilharia retórica impregnada de revolta dos transviados. Uma maneira diferente de expressar idéias e sentimentos pulsava nos corações da juventude brasileira dos anos 1950. Sendo o Rio de Janeiro a capital do país[12], centro do poder, naturalmente o que acontecia em Ipanema reverberava em todo o território brasileiro[13]. A universalidade foi o tom da bossa nova, um movimento musical que nasceu sem intenção de mudar coisa alguma na paisagem musical brasileira. E mudou tudo.

---

[1] Referência à música *Aquarela do Brasil*, de Ary Barroso, cujo verso "esse coqueiro que dá coco" foi contestado pela obviedade. O compositor defendeu-se dizendo que é natural que o coqueiro dê coco, porém, nem todo coqueiro produz.

[2] Brasília foi inaugurada em 1960. O Rio de Janeiro era a capital política e cultural do Brasil e o povo carioca era a síntese do brasileiro, graças à mistura de raças e culturas.

[3] Ezra Poud, poeta norte-americano, dizia que para ser universal era necessário falar da própria aldeia.

Campo fértil

Do final da Segunda Guerra até a crise do petróleo, em 1973, o mundo viveu o que se convencionou chamar de Anos Dourados. O Brasil navegou de acordo com as águas econômicas internacionais e na década de 1950, especialmente durante o governo JK[14], o clima sócio-político estava altamente favorável para a mudança rumo à promessa do desenvolvimento.

Foi criado um ambicioso programa de governo[15] para colocar o Brasil na rota dos investimentos estrangeiros e, com o ambiente internacional favorável, a economia brasileira deu um salto quantitativo, com reflexos diretos na vida da população.

Mudança de poder

A construção da nova capital era notícia cativa na mídia. O Rio de Janeiro, com palácios e construções do tempo do império, era a antítese da nova capital que teria os traços modernos de Oscar Niemeyer[16]. A palavra de ordem era

---

[14] O governo do presidente Juscelino Kubitschek de Oliveira (1956-1960) foi marcado pela mudança do paradigma sócio-econômico. O progresso foi a característica de seu governo. JK era um líder totalmente identificado pela ideologia desenvolvimentista.

[15] O Plano de Metas de JK, cujo slogan era "50 anos em 5", tinha 30 metas divididas em seis grupos: Energia, Transporte, Alimentação, Indústria de Base, Educação e a construção de Brasília.

[16] Oscar Niemeyer havia projetado a Pampulha quando JK foi prefeito de Belo Horizonte. Com a chegada de Juscelino à presidência da República, Niemeyer recebeu a incumbência de projetar a nova capital do país, no planalto central brasileiro.

Praia de Copacabana, Rio de Janeiro: berço da bossa nova

mudança e nada mais natural que as artes refletissem o clima que pairava no ar. O Rio de Janeiro, capital da República, centro do poder político, econômico e cultural, irradiava essa idéia.

3
O Tom da bossa

O artista mais significativo da bossa nova é o compositor, arranjador e pianista Tom Jobim. À época do início do movimento, sua relação com a música já era profissional, ao contrário de outros integrantes, jovens amadores que praticavam música despretensiosamente.

Em 1949, quando resolveu casar, precisava "ganhar uns trocados" para pagar o aluguel, e passou a se apresentar como pianista para a boemia carioca, em bares como o Clube da Chave. Enturmado no meio musical, em 1953 estreou como compositor nas vozes de Mauricy Moura (*Incerteza*), parceria com Newton Mendonça e Ernani Filho (*Pensando em você* e *Faz uma semana*). Se aquelas gravações não tiveram repercussão, no ano seguinte Tom conseguiu maior visibilidade com alguns lançamentos importantes: Dick Farney (*Outra vez*), Nora Ney (*Solidão*) e Dóris Monteiro (*Se é por falta de adeus*). Ainda nesse ano, com o lançamento da *Sinfonia do Rio de Janeiro*, parceria com Billy Blanco, a carreira de Tom ganhou novo impulso.

Seu grande sucesso do ano foi lançado em julho: o samba-canção *Tereza da praia*, outra parceria com Billy Blanco, música criada especialmente para a "disputa" entre Dick Farney e Lúcio Alves, cantores de voz aveludada e repertório parecido. A disputa entre Dick Farney e Lúcio Alves só existia na cabeça dos fãs. Era a rixa natural, como nos programas de auditório na Rádio Nacional, onde os fãs se dividiam entre Emilinha Borba e Marlene. Uma espécie de Fla-Flu da música. Lúcio e Dick frequentavam o Sinatra-Farney Fã Clube e eram grandes amigos. Num diálogo musical bastante criativo, os cantores narram o novo amor encontrado, até que no final da música descobrem que se apaixonaram pela mesma mulher. Depois de pronta a música, faltava definir o nome da personagem. Os parceiros estavam cerimoniosos e a conversa se estendia até que Tom decidiu homenagear a própria mulher: "Vai se chamar Tereza. E pronto!".

As primeiras músicas de Tom não eram bossa nova, mas já se vislumbrava a leveza musical que o caracterizou. Mesmo quando Tom fazia parcerias com letristas "dor de cotovelo"[17] como Dolores Duran, suas melodias suavizavam o pieguismo das letras.

Ao mesmo tempo em que alcançava sucesso como compositor, Tom Jobim também se destacava como arranjador. Em 1955, foi incluído na lista de melhores do ano, elaborada pelo crítico e historiador Ary Vasconcelos, ao lado dos consagrados maestros Radamés Gnatalli, Lírio Panicalli, Guerra Peixe, Lindolfo Gaya, Pixinguinha, Vadico e Severino Araújo – um time de respeito.

---

[17] "Dor de cotovelo" é uma expressão para designar a música cuja letra é melancólica ao se referir ao desencontro amoroso. Era própria para ambientes como bares e boates, onde se afogava as mágoas em copos de bebida.

Encontro com Vinícius

Vinícius de Moraes procurava um músico para criar as melodias do musical *Orfeu da Conceição*, baseado na tragédia grega de *Orfeu* com adaptação para a realidade dos morros cariocas. A princípio, Vadico, parceiro de Noel Rosa em clássicos como *Conversa de botequim* e *Três apitos*, aceitara o convite, mas desistiu por problemas de saúde.

Um dia, no bar Vilarino, no centro do Rio de Janeiro, o crítico musical Lúcio Rangel teve a idéia de levar Tom à mesa de Vinícius, para resolver o problema do poeta. Depois de expor o projeto ao futuro parceiro, em vez de receber resposta positiva ou negativa, Vinícius ouviu de Tom: "Mas... tem um dinheirinho nisso?". Constrangido pela atitude de Tom, Lúcio Rangel chamou o amigo de lado e o repreendeu: "Rapaz, esse é o poeta e diplomata Vinícius de Moraes[18], como você tem coragem de falar em dinheiro numa hora dessas?". Ele se defendeu: "Sabe como é, Lúcio, eu ainda estou correndo contra o aluguel, né?". Elegantemente, Vinícius compreendeu a situação do músico, garantiu que haveria "um dinheirinho" e no dia seguinte começaram a trabalhar na casa de Vinícius.

No dia 25 de setembro de 1956, estreou no Teatro Municipal do Rio de Janeiro *Orfeu da Conceição*, com letras de Vinícius e composições de Tom, com músicas que se tornariam clássicos, como *Se todos fossem iguais a você* e *Lamento do morro*. O musical foi dirigido por Léo Jusi, com

---

[18] Enquanto estivesse exercendo a diplomacia, o poeta Vinícius de Moraes tinha permissão do Itamaraty para se apresentar como artista, desde que não cobrasse cachê. Não ficava bem para a imagem da instituição.

Foto: Mario Luiz Thompson

Tom Jobim

cenários de Oscar Niemeyer, direção musical de Tom Jobim, regência de Léo Peracchi, e um elenco no qual figuravam os atores Haroldo Costa, Léa Garcia, Abdias do Nascimento e Clementino Luiz; o violonista Luiz Bonfá; o cantor Ciro Monteiro e o atleta Ademar Ferreira da Silva, bicampeão mundial do salto triplo.

Como Vinícius havia prometido, Tom ganhou "um dinheirinho" com o trabalho, e depois do êxito no teatro o musical foi adaptado para o cinema pelo francês Marcel Camus (rebatizado de *Orfeu do Carnaval* e, na Europa, *Orfeu Negro*), projetando internacionalmente os sucessos *A felicidade*, *O nosso amor*, e outros, criados especialmente para o filme. A música de Luiz Bonfá/Antonio Maria, *Manhã de carnaval*, composta para o filme, também se transformou em sucesso mundial, competindo com *Aquarela do Brasil* no número de regravações através do mundo.

A versão cinematográfica de *Orfeu* ganhou prêmios importantes, como o Oscar (Melhor Filme de Língua Estrangeira), Globo de Ouro (Melhor Filme de Língua Estrangeira), Palma de Ouro de Cannes (Melhor Filme), e ainda obteve indicação da Academia Britânica (Melhor Filme).

A bossa é divina

Em 1957, aconteceu um evento importante para a bossa nova: a gravadora Festa lançou o *long playing Canção do amor demais*, de Elizeth Cardoso, com obras de Tom Jobim e Vinícius de Moraes – exceto *Serenata do adeus* e *Medo de amar*, só de Vinícius. Mesmo que o disco não tenha tido êxito comercial imediato, as músicas se tornaram sucessos (*Luciana, Eu não existo sem você, Estrada branca, Outra vez, Chega de saudade* etc.) e alguns estudiosos o consideram o primeiro disco de bossa nova, por reunir Tom e Vinícius e a batida do violão de João Gilberto, no acompanhamento da "Divina".

Chega de saudade. Mesmo

Chega de saudade, composição-manifesto de Tom e Vinícius, é considerada a primeira música da bossa nova, porém, Tom discordava, afirmando que a sequência de acordes segue o modelo tradicional, tirado do método de violão do músico Canhoto. Tom dizia ainda que essa música tinha algo de saudade desde a introdução, lembrando regionais de violão e cavaquinho e modulações para o modo maior na segunda parte. O diferencial estava na harmonia, com alterações de acordes e a batida do violão de João Gilberto que iam na contramão da forma institucionalizada de se tocar samba.

Se considerarmos que as músicas românticas do período anterior à bossa nova falavam de "cheio dos guizos falsos da alegria, eu vivia cantando a minha fantasia entre as palmas febris dos corações", "tu és divina e graciosa, estátua majestosa do amor por Deus esculturada" e "o mar na solidão bramia e o vento a soluçar pedia que fosses sincera para mim"[19], é perceptível a ruptura trazida pela letra de Vinícius falando em "abraços e beijinhos e carinhos sem ter fim" – sem firulas e rococós.

João Gilberto foi o primeiro intérprete da bossa nova. Claro que se olhamos para trás temos Mário Reis, Johnny Alf, Dick Farney, Lúcio Alves e até mesmo Noel Rosa com o cantar mais contido, contrapondo-se aos vozeirões de Orlando Silva, Vicente Celestino, Silvio Caldas e Francisco Alves – ícones da Era do Rádio. O canto falado de João Gilberto buscava

---

[19] Versos de *Chão de estrelas*, de Orestes Barbosa/Silvio Caldas; *Rosa*, de Pixinguinha/Otávio de Souza; *Lábios que beijei*, de Leonel Azevedo/J. Cascata – pérolas de nossa música popular.

a entonação perfeita para cada frase. Era o intérprete dos sonhos de qualquer compositor, por colocar a voz à serviço da composição. E, sobretudo, João Gilberto sempre foi músico refinado e tocava violão com uma batida deslocada que chegava a confundir incautos.

No dia 10 de julho de 1958, a Odeon lançou o primeiro disco de João Gilberto[20], provocando acaloradas discussões. Aquele jeito de tocar e cantar era uma maneira inusitada para a época, o público estava acostumado a interpretações grandiosas, vozes potentes. João Gilberto apareceu cantando baixinho, quase sussurrando letras delicadas, quase bobas, como a sua *Bim bom: É só isso o meu baião e não tem mais nada não/ o meu coração pediu assim: bim bom bim bom.*

O estilo bossa nova mudou o paradigma da música popular brasileira ao procurar integrar harmonia, ritmo e melodia (sem que uma prevalecesse sobre as demais) e a integração do intérprete à obra como um todo. Na bossa nova a valorização do cantor surgia na medida em que ele co-participava da elaboração musical e não por se afirmar sobre a obra como frequentemente acontecia. "O cantor não mais se opõe como solista à orquestra. Ambos se integram, se conciliam, sem apresentarem elementos contrastantes". (Brasil Rocha Brito, 2005, p. 22)

José Ramos Tinhorão, um dos mais importantes estudiosos da música popular brasileira, nunca teve simpatia pelo jeito americanizado e a nítida influência do *jazz*, mas, ao analisar

---

[20] O primeiro disco de bossa nova foi do tipo 78 RPM, com *Chega de saudade* e *Bim bom* (de João Gilberto).

a estrutura da forma de tocar o samba, traduz com precisão a "batida diferente" que marcou a bossa nova:

> Esse novo esquema rítmico, próprio para solo e acompanhamento, era constituído por uma batida baseada na desacentuação das tônicas da melodia e acompanhamento, dentro do tempo, levando à impressão auditiva de simultaneidade de dois ritmos... (1997, p. 68)

Essa maneira de tocar era chamada de "samba moderno", mas o compositor Ronaldo Boscoli, que trabalhava no jornal *Última Hora*, com grande senso mercadológico, passou a chamá-lo de bossa nova. E o nome pegou. Vale lembrar que a palavra "bossa", nos dicionários, refere-se ao diferencial que faz algo ser notado, o famoso "jeito". E, inegavelmente, o jeito de tocar violão de João Gilberto era diferente. Seu canto natural, discreto, funcionava pelo avesso, fazendo com que todos o notassem. Isso era bossa nova, muito natural.

Em 1959, quando João Gilberto lançou o *long playing Chega de saudade*, além das músicas e arranjos de Tom, letras de Vinícius, composições de novos autores, também fazia releituras de músicas tradicionais, de compositores que eram suas referências. Mesmo tocando músicas "antigas", seu jeito (a bossa) de tocar e cantar fazia toda a diferença. Tal qual um Midas, tudo o que João Gilberto tocava, virava bossa nova.

É inegável o talento de João Gilberto para farejar sucessos, algumas vezes chegando a sugerir modificações aos compositores. Na música *Corcovado* convenceu Tom Jobim a mudar o primeiro verso "um cigarro, um violão" para "um cantinho, um violão". E sugeriu a Jaime Silva e Neusa Teixeira trocar o título de *Aves no samba* para *O Pato* – música gravada no disco *O amor, o sorriso e a flor*, lançado em 1960.

Entre 1957 e 1961, período de grande produtividade de Tom Jobim, das 62 composições do maestro, apenas três delas (*Desafinado*, *Corcovado* e *Insensatez*) foram lançadas por João Gilberto. Algumas canções recebiam gravações de outros intérpretes e passavam em branco. Quando João Gilberto "descobria" a música e dava a ela seu toque pessoal, virava sucesso. Foi assim, por exemplo, com *O Amor em paz*, *Samba de uma nota só*, *Chega de saudade*, *Garota de Ipanema* e *Só danço samba*.

João Gilberto também resgatou vários sucessos dos compositores "antigos", conferindo-lhes a modernidade da bossa nova, como *Rosa morena*, *Doralice*, *Samba da minha terra* e *Saudade da Bahia*, de Dorival Caymmi; *É luxo só* e *Morena boca de ouro*, de Ary Barroso; *Joujoux e Balangandãs*, de Lamartine Babo; e *Tim tim por tim tim*, de Haroldo Barbosa e Geraldo Jacques, entre outras.

Além de Caymmi, João Gilberto tinha predileção especial pelas músicas de Ary Barroso, compositor de primeira grandeza. Muita gente pensava que o compositor nascido em Ubá, Minas Gerais, era baiano, por ter criado obras como *Aquarela do Brasil*, *No tabuleiro da baiana* e *Na Baixa do Sapateiro*. No maior bom humor, Ary corrigia, dizendo que era "ubaiano". João Gilberto teve a sensibilidade de peneirar o lado mais sofisticado de Ary, autor de músicas "pesadas", anti-bossa nova, como *Risque* ("Risque meu nome do seu caderno, pois não suporto o inferno do nosso amor fracassado"), mostrando que a bossa nova não cuidava apenas de material inédito, e sim privilegiava uma visão menos densa tensa. Fica fácil entender porque os bossanovistas eram considerados desconectados. Na verdade, a bossa nova tentava criar outra realidade para o Brasil, sem a herança da fracassomania que nos persegue desde sempre.

O perfeccionismo de João Gilberto era tal que na música *Rosa morena*, reza a lenda que o músico quase levou os produtores e técnicos de gravação à loucura. Insatisfeito com a emissão da vogal "o" de Rosa, repetiu 48 vezes até se convencer que havia encontrado a colocação certa. Se, para os leigos, lenda ou não, isso é mania, para os músicos João Gilberto é um cantor que às vezes entende a música até melhor que o próprio autor, conferindo-lhe nuances inimagináveis.

No peito dos desafinados

Ao lançar a música de Tom Jobim e Newton Mendonça *Desafinado*, em fevereiro de 1959, João Gilberto conseguiu a proeza de municiar os críticos e ao mesmo tempo se "defender" de seus ataques. Basta ler a letra da música:

Se você disser que eu desafino, amor
Saiba que isto em mim provoca imensa dor
Só privilegiados têm ouvido igual ao seu
Eu possuo apenas o que Deus me deu

Se você insiste em classificar
Meu comportamento de anti-musical
Eu mesmo mentindo devo argumentar
Que isto é bossa nova, isto é muito natural

O que você não sabe, nem sequer pressente
É que os desafinados também têm um coração
Fotografei você na minha rolleyflex
Revelou-se a sua enorme ingratidão

Só não poderá falar assim do meu amor
Ele é o maior que você pode encontrar, viu?
Você com a sua música esqueceu o principal
É que no peito dos desafinados
No fundo do peito bate calado
No peito dos desafinados também bate um coração

Os antipáticos à bossa nova sentiram o gosto da vitória ao afirmar que até mesmo João Gilberto, o grande astro do movimento, "admitia" que para os bossanovistas era natural ser desafinado. Não foi notada a ironia da frase *só privilegiados têm ouvido igual ao seu*, tampouco o *eu possuo apenas o que Deus me deu.*

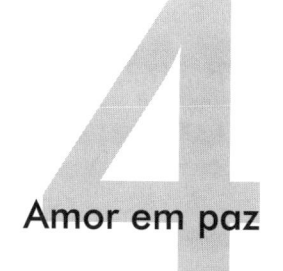

Amor em paz

Além do fator musical, uma mudança substancial trazida pela bossa nova foi a abordagem da questão amorosa. Os letristas eram contidos no derramamento sentimental, nas letras bossanovistas as queixas explícitas eram raras, figuravam leves insinuações. Mesmo com exceções, quase sempre as letras da bossa nova "acabavam bem." Vinícius escreveu uma das letras emblemáticas do período, *O amor em paz*:

Eu amei
e amei, ai de mim, muito mais
do que devia amar
E chorei
ao sentir que iria sofrer e me desesperar
Foi então que da minha infinita tristeza
aconteceu você
Encontrei em você a razão de viver
e de amar em paz
e não sofrer mais, nunca mais
Porque o amor é a coisa mais triste
quando se desfaz

Cantava-se o amor, o sorriso e a flor (título do segundo *long playing* de João Gilberto, extraído da música *Meditação*, de Tom Jobim e Newton Mendonça), o barquinho, o dia de sol e até mesmo a dor da separação, sem pieguismo.

João Gilberto gravou *Coisa mais linda*, de Carlos Lyra e Vinícius, que retratava o amor idealizado da maneira mais informal possível, tão carinhosa que quase soava infantil.

Coisa mais bonita é você
Assim, justinho você,
eu juro, eu não sei porque você...
Você é mais bonita que a flor
Quem dera, a primavera da flor
tivesse todo esse aroma de beleza que é o amor
perfumando a natureza numa forma de mulher
Porque tão linda assim não existe a flor
Nem mesmo a cor não existe
E o amor nem mesmo o amor existe

É perceptível o contraste com os sucessos da Velha Guarda, como *Castigo*, de Dolores Duran, *Ela disse-me assim,* de Lupicínio Rodrigues, autor de clássicos "dor-de-cotovelo" como *Se acaso você chegasse, Nunca, Cadeira vazia* e *Maria Rosa*, entre outras. Em *Vingança*, música de grande sucesso do compositor gaúcho, é visível a coragem de mergulhar fundo no descompasso do amor e expor a dor em praça pública:

Eu gostei tanto
Tanto quando me contaram
que lhe encontraram chorando e bebendo
na mesa de um bar
...

Mas, enquanto houver força em meu peito
eu não quero mais nada
Só vingança, vingança, vingança aos santos clamar
Você há de rolar como as pedras que rolam na estrada
sem ter nunca um cantinho de seu pra poder descansar

Uma declaração de ódio ou amor desse quilate é inimaginável na bossa nova e mesmo com a temática amorosa sempre presente, a questão era abordada de maneira mais contida. Não convinha à modernidade da bossa nova, tão afeita a temas vitoriosos, como o desenvolvimento, a construção da nova capital, focar no que fracassou, apontar culpados.

O "amei muito mais do que devia", de Vinícius, estava carregado de intenções queixosas, porém, aquela que foi objeto da desventura do poeta não entrou em cena, somente o ato que provocou a reflexão: "o amor é a coisa mais triste quando se desfaz". Tristeza, sim. Lamento, não. Raramente a separação ganhava publicidade na obra, os bossanovistas se preservavam na contenção. Os compositores da Velha Guarda, ao contrário, não se envergonhavam dos desamores, da vida boêmia e da blasfêmia: "você há de rolar como as pedras que rolam na estrada!" Essas observações não fazem juízo da obra de Lupicínio – considero sua obra personalíssima e de alta qualidade –, tão-somente utilizo duas visões distintas na história da música brasileira e as comparo para que o leitor possa compreender melhor onde está a ruptura.

Até o aparecimento da bossa nova, os temas da música popular eram quase sempre situações de cotidiano envolvendo o relacionamento homem-mulher, política, costume, muito humor e picardia. A descrição da natureza não era usual na música popular, e foram os poetas bossanovistas os primeiros a acentuar a paisagem carioca nas letras.

Dia de luz, festa do sol
e o barquinho a deslizar no macio
azul do mar (O Barquinho)

Muita calma pra pensar
E ter tempo pra sonhar
Da janela vê-se o Corcovado,
O Redentor – que lindo! (Corcovado)

Olha, que chuva boa, prazenteira
Que vem molhar minha roseira
Chuva boa, criadeira
Que molha a terra, que enche o rio
Que limpa o céu – que traz o azul (Chovendo na roseira)

Rio, teu mar, praias sem fim
Rio, você foi feito pra mim
Cristo Redentor
Braços abertos sobre a Guanabara
Este samba é só porque
Rio, eu gosto de você (Samba do avião)

Água de beber
Água de beber, camará (Água de beber)

Um João, uma revolução

A bossa nova tem como características os paradoxos da "grandeza pequena" – que se expressa em canto intimista, letra sintética e despojada – e a "confusão clara" – a batida diferente do violão. Explico melhor: nas primeiras décadas do século XX não havia microfone, aos cantores se pedia grande extensão vocal, mesmo na música popular o canto era próximo das entonações operísticas. Com o advento do microfone, custou algum tempo para que eles se livrassem desse paradigma. Cantar bem era "ter voz", isto é, cantar alto, exibir potência. Mário Reis foi um dos primeiros a perceber a mudança, mas quem alcançou popularidade nacional cantando "menos" foi Orlando Silva. João Gilberto é da escola do "menos é mais", onde se alcança a grandeza não pela exaltação, mas pela maneira coloquial da narrativa musical. A confusão a que me referi é explicada pelo jogo rítmico entre o violão, a voz e a bateria.

O senso comum diz que João Gilberto é o pai da batida bossanovista, mas há quem garanta que o verdadeiro criador é Johnny Alf. Por sugestão de um amigo, João Gilberto teria ido à boate onde o pianista tocava para observar um modo novo de tocar samba, acentuado de maneira incomum para a época. Quando o violão de João Gilberto apareceu no disco de Elizeth Cardoso, a reação de estranheza foi imediata. A simplicidade e a clareza eram tamanhas que os próprios músicos se perdiam: a batida deslocada do violão e o contratempo da percussão provocavam confusão. Parecia atravessado. Não. Era bossa nova, muito natural...

Modernizou e se achou

O jeito, a bossa, o toque inovador de tocar samba é o ponto nevrálgico da discussão sobre a bossa nova. Chamado de "samba moderno" – como se fosse possível classificar notas musicais, andamento, ritmo, acordes etc., entre modernos e ultrapassados. Dó Maior sempre foi e sempre será simplesmente a soma de Dó-Mi-Sol, impossível modernizá-lo –, a expressão bossa nova foi muito mais discutida do que a própria música. Ninguém gosta de, estando em cena, ver nascer o novo e naturalmente ser considerado velho – não como sinônimo de vivência e sabedoria. Daí a reação dos conservadores. Polêmicas publicitárias à parte, João Gilberto, o pivô da confusão linguística, foi taxativo ao renegar o rótulo que o contrapunha a seus mestres: "Tudo é samba".

Se tudo é samba, como afirmou João Gilberto, existiu a (r)evolução natural do gênero. A bossa nova não foi iconoclasta e nem hostil em relação à tradição. Sendo música de qualidade, pode e deve ser assimilada, afinal, se tudo é samba, tudo pode ser bossa nova.

Negara influência do jazz na bossa nova é optar pela cegueira, porém, merece apuração o tamanho dessa influência

e onde ela se concentrou. Como já vimos, os acordes dissonantes que tanto agradavam a Tom Jobim eram amplamente
usados no *jazz*. Heitor Villa-Lobos também gostava da sen-
sação de "alargamento" que as dissonâncias provocavam;
Debussy e os impressionistas, idem. O que se ignora é que as
sequências harmônicas da bossa nova pouco têm a ver com as
cadências de *jazz*. Brasil Rocha Brito explica essa diferença:

> *Ao contrário do* jazz, *onde a harmonização da melodia,
> em suas linhas gerais, faz uso, muitas vezes, de acordes que se
> vão progressivamente colocando sob a jurisdição das regiões
> tonais, definidas pela sucessão ascendente de tons no círculo
> das quintas, a bossa nova com frequência se vale de harmonia
> por acordes, relacionados a tons que se seguem em sentido des-
> cendente naquele círculo.* (2005, p. 29)

Excelente comum

O impacto causado pelo lançamento do 78 RPM *Chega de
saudade*, de João Gilberto, explica-se pela maneira vigorosa
que o músico baiano tocava samba, com bom gosto, sem
virtuosismos vocais ou recursos extramusicais. Elogiado ou
criticado, sempre preferiu o silêncio. Enquanto artigos eram
publicados a favor ou contra, ele ensaiava exaustivamente
canções que lançaria futuramente, buscando a melhor
colocação da frase musical, a entonação correta da letra.

João Gilberto é exímio em esquivar-se de polêmicas.
Pauta a atuação artística pela sutileza e discrição. Um ídolo
ao avesso: veste-se de modo tradicional, terno e gravata,
não faz da vida pessoal o trampolim publicitário para sua
arte, nem defende a revolução – simplesmente revoluciona.

Foto: Mario Luiz Thompson

João Gilberto

Em 50 anos de exposição de imagem, pouco se viu e se falou sobre sua vida privada. Sabe-se que foi casado com Astrud Gilberto e Miúcha[21], porque ambas são cantoras. O mesmo se deu com a filha Bebel, também cantora. Naturalmente, todas elas sofreram as delícias e dores da relação

[21] Astrud Gilberto, a primeira mulher de João Gilberto, participou do álbum *Getz & Gilberto* (1964). Miúcha, a segunda mulher, participou do álbum *Best of two worlds* (1976), que também contou com a participação do saxofonista Stan Getz.

com o artista. Discretamente, como tudo que se relaciona com João Gilberto.

Fora a qualidade excepcional de sua música, João Gilberto não é notado, não se posiciona política ou esteticamente, vive no Olimpo particular de excelência sonora. Gostando ou não do estilo musical, há que se louvar seu comportamento artístico. A obra fala por si. Não há jogada publicitária mais eficiente que a qualidade de seu trabalho. João Gilberto ganha notoriedade por não almejar ser notável.

A excentricidade que se atribui ao artista está mais para lenda do que realidade. No início dos anos 1980, João Gilberto ganhou programa especial da TV Bandeirantes. No dia da gravação, o uso do ar condicionado, além de desafinar as cordas do violão, irritava a garganta do músico. Gentilmente, ele pediu várias vezes para desligar o ar. Não foi atendido. A gravação se estendia e o incômodo crescente do ar tirava a concentração do músico. João Gilberto ameaçou: se não desligassem o ar condicionado, pararia de cantar. Foi atendido, mas comentou-se que a "estrela cria caso".

Nessa mesma época, assisti a um *show* numa grande casa de espetáculos, em São Paulo, e testemunhei João Gilberto pedindo três ou quatro vezes durante a apresentação para desligar o ar condicionado. Reclamava do barulho intermitente. Na platéia a reação foi de estupefação: barulho? que barulho? Falava do incômodo na garganta e lembrava que o ar frio não era bom para as cordas do violão. Não foi atendido. Depois de um tempo, visivelmente irritado, e sem alterar a voz ou demonstrar rispidez, disse textualmente:

– Olha... eu já falei do ar... já pedi pra desligar... puxa vida... esse ar... depois falam que a gente é isso e aquilo... pra que, pra quê?

O *show* foi suspenso por alguns segundos, até que a direção da casa resolveu atender ao pedido do artista. Para minha surpresa, o ruído sutil do ar condicionado, até então imperceptível ao ouvido comum, ficou evidente ao ser desligado. A platéia reconheceu que João Gilberto tinha razão e o aplaudiu.

Há pouco tempo, João Gilberto fez três concertos no Japão. Um amigo assistiu ao *show* e contou. Os preços não eram exatamente populares. Uma famosa banda de *rock* esteve por lá na mesma época e cobrou ingressos que equivaliam a dez por cento do valor do brasileiro. Seis meses antes, os ingressos se esgotaram. Chineses, coreanos, indianos, australianos, todos queriam ver o "papa" da bossa nova na Ásia. Sozinho, de violão e voz, João Gilberto cantou clássicos da música popular brasileira e, ao final de uma hora, sem sair do palco, fechou os olhos durante cinco minutos e descansou. "Dava para ouvir o vôo de um mosquito", contou o amigo. Reverência total. Respeito absoluto. João Gilberto "acordou" e cantou mais uma hora. Depois de três "bis", foi aplaudido em pé durante quinze minutos.

Carnegie Hall: (des)concerto

Depois de dividir paixões no Brasil, a bossa nova passou a ocupar o lugar de Carmem Miranda no imaginário popular estrangeiro como a melhor tradução da música brasileira. O caminho natural para sua inserção na cultura mundial seria através dos Estados Unidos, por motivos óbvios. Sendo cria do *jazz*, os músicos norte-americanos adotariam a linguagem bossanovística de maneira natural. Porém, mesmo com suas qualidades, a bossa nova jamais penetraria nos mercados internacionais sem o aval dos Estados Unidos, e para o espírito vira-lata[22] do brasileiro era fundamental fazer sucesso fora do país.

Se, como disse João Gilberto, tudo é samba, Carmem Miranda cantava o samba brejeiro acompanhada pelo Bando da Lua. Na música *Brasil pandeiro*, Assis Valente[23] profetizava: *O Tio Sam está querendo conhecer a nossa batucada/anda*

---

[22] Segundo o dramaturgo Nelson Rodrigues, o povo brasileiro é acometido da síndrome do vira-latas, não tem auto-estima. Um produto brasileiro só é considerado bom em nosso país depois de receber o aval do exterior.

[23] Assis Valente, compositor nascido na Bahia, em 1911, radicado no Rio de Janeiro, foi um dos provedores de sucessos de Carmem Miranda. Autor de jóias da música popular brasileira como *Boas Festas (Anoiteceu)*, *Brasil pandeiro*, *...E o mundo não se acabou*, *Uva de caminhão*, *Camisa listrada* etc.

dizendo que o molho da baiana melhorou seu prato. O samba batucado da "baiana" Carmem Miranda tinha molho especial e seu canto repleto de *chica chica boom* e *chatanooga choo choo* melhoraram – e muito – o cardápio da música norte-americana, daí o interesse do Tio Sam em conhecer todas as batucadas brasileiras. Em última instância, para os músicos norte-americanos, o novo ritmo soava samba, ainda que no cartaz anunciando o concerto de bossa nova no Carnegie Hall tivesse sido anunciada como *New Brazilian Jazz*.

O fracasso foi um sucesso

A máxima "o que importa é a versão, não o fato" pode ser aplicada com toda propriedade ao *show* debutante da bossa nova nos Estados Unidos, no dia 21 de novembro de 1962, na mais famosa casa de espetáculos de Nova York.

Se produção do *show business* se aprimorou desde o histórico concerto de Nova York e mesmo assim espetáculos que envolvem dezenas artistas costumam ser problemáticos, imagine a falta de comunicação entre músicos e técnicos cinco décadas atrás.

Ao contrário da imprensa brasileira, que fez pouco caso do *show*, a nova-iorquina destacou o acontecimento, de modo que os três mil ingressos se esgotaram uma semana antes.

O concerto foi realizado graças a uma parceria da gravadora norte-americana Audio-Fidelity e do Itamaraty[24], pois o

---

[24] Segundo despachos dos Estados Unidos enviados ao Itamaraty, cerca de 300 jornalistas, entre repórteres, fotógrafos, cinegrafistas e críticos especializados de toda a América do Norte e da imprensa mundial compareceriam ao concerto, garantindo enorme repercussão ao *show* de bossa nova.

governo brasileiro tinha interesse em divulgar o famoso café servido à moda brasileira, e ofereceu milhares de xícaras de café no evento.

A escolha do elenco não foi tarefa das mais fáceis, alguns representantes ficaram de fora – João Donato e Johnny Alf, por exemplo – e teve gente achando que a bossa nova não deveria se misturar com passistas de escola de samba (*exotic music?*) e ameaçou boicotar.

Entre os artistas participantes destacaram-se Tom Jobim, João Gilberto, Roberto Menescal, Carlos Lyra, Milton Banana, Agostinho Costa, Carmem Costa, Sérgio Mendes, Normando Santos, Bola Sete, José Paulo, Chico Feitosa, Oscar Castro Neves, Luiz Bonfá, e até mesmo o pianista argentino Lalo Schifrin e o saxofonista norte-americano Stan Getz, grande divulgador da bossa nova no meio jazzístico.

Pela quantidade de gente para se apresentar, tinha tudo para dar errado. E deu. A equalização do som foi péssima, não se ouvia as letras das músicas. Talvez a paranóia com a acústica que virou a caricatura de João Gilberto tenha nascido nesse dia. Prenunciando o desastre, Tom Jobim, já conhecido nos Estados Unidos como compositor de *Desafinado*, não estava disposto a embarcar para o concerto. Foi convencido pelo escritor Fernando Sabino.

As falhas mais espetaculares foram Normando Santos cantando com o microfone desligado, Roberto Menescal esquecendo a letra de *O barquinho* e Tom pedindo um minuto para recomeçar *Corcovado*. Quando Tom finalmente cantou, com letra em português e inglês, a platéia quase veio abaixo. E quem estava lá para aplaudir os músicos brasileiros? Miles Davis, Dizzy Gillespie, Gerry Mulligan, Tony Bennett e Herbie Mann, entre outros. Claro que estavam todos predispostos a gostar, já se conhecia bossa nova no meio musical mais requintado norte-americano. O jogo começou um a zero para a bossa nova e os problemas técnicos não foram suficientes para virar o placar. O importante é que a casa estava cheia, o público feliz, café servido à vontade, jornalistas para testemunhar o sucesso do evento. Mesmo com tantos problemas, o *show* começou e terminou.

O sucesso da bossa nova nos Estados Unidos foi selado quando a turma de Tom Jobim se apresentou na Casa Branca, em Washington, num *show* fechado para a primeira-dama Jacqueline Kennedy, que ficou "simplesmente maravilhada":

– Nunca se ouviu nada igual por aqui – disse Jackie.

Com o sucesso do Carnegie Hall, muitos artistas receberam convites para se apresentar em cassinos, casas de *shows*, e alguns só voltaram ao Brasil tempos depois, como Sérgio Mendes, João Gilberto, Tom Jobim, Sérgio Ricardo e Oscar Castro Neves.

7

Elenco de Primeira

Se os principais atores da bossa nova são os artistas, e disso ninguém duvida, merece igual destaque o produtor e empresário, que promoveu o lançamento dos nomes mais importantes do movimento: Aloysio de Oliveira[25], já citado, um artista fundamental na música popular brasileira desde os anos 1930.

Visionário sem parceiros

Aloysio de Oliveira buscou parceiros para viabilizar a gravadora Elenco, mas foi um sonhador solitário. Não

---

[25] Aloysio participou da produção de *Alô Amigos*, e cantou *Aquarela do Brasil*, de Ary Barroso. Também deu inúmeras sugestões a respeito do personagem Zé Carioca, além de sugerir a Walt Disney que trocasse *Carinhoso*, de Pixinguinha e João de Barro por *Na Baixa do Sapateiro*. A canção de Pixinguinha, uma das mais lindas de todos os tempos, não caía tão bem como a de Ary, e Aloysio teve a sensibilidade suficiente para perceber isso (Vide nota 9, p.15).

desistiu, e contra todas as circunstâncias começou um negócio fundamental para a história da música no Brasil.

As capas seguiam o padrão *clean* que tinha tudo a ver com a bossa nova – preto e branco – por razões não propriamente estéticas, mas econômicas. Apesar da "pobreza" frente a capas ultracoloridas de discos das grandes companhias, o padrão Elenco acabou copiado.

As tiragens eram pequenas, mas a qualidade artística batia no teto das nuvens: Tom Jobim, Sylvia Telles, Roberto Menescal, Nara Leão, Sérgio Ricardo, Eumir Deodato, Vinícius de Moraes e Dorival Caymmi, além de lançar Quarteto em Cy, MPB-4, Baden Powell, Elza Soares, Alaíde Costa e Edu Lobo. Os bossanovistas eram privilegiados, mas o pessoal da Velha Guarda não foi esquecido pela Elenco: Ciro Monteiro, Aracy de Almeida e Mário Reis renasceram das cinzas e suas carreiras tiveram novos bons momentos graças ao apoio de Aloysio de Oliveira.

Se a Elenco foi sinônimo de bossa nova e música de excelência[26], a distribuição foi seu calcanhar de Aquiles, limitando-se a lojas do Rio de Janeiro. Em São Paulo, a bossa nova teve um segundo fôlego no início dos anos 1960[27], mas não houve melhora na distribuição e o projeto se inviabilizou.

---

[26] O *slogan* da Elenco: "O disco que você merece". Era comum o cliente entrar na loja e perguntar: tem novidade da Elenco? Em caso positivo, adquiria o disco, mesmo sem conhecer o artista.

[27] No início dos anos 1960, a bossa nova praticamente mudou-se para São Paulo porque além das televisões Tupi, Record e Excelsior apresentarem programas dedicados ao gênero – o mais famoso foi *Dois na Bossa*, com Jair Rodrigues e Elis Regina acompanhados pelo Zimbo Trio –, os centros acadêmicos das universidades promoviam *shows* concorridos com artistas identificados com o movimento.

Em 1967, Aloysio de Oliveira foi obrigado a fechar o selo e vender seu catálogo de mais de 60 jóias raras para uma gravadora multinacional. De tempos em tempos, os títulos da Elenco voltam ao mercado com outro visual e conquistam novos fãs, afinal, são discos importantes na história da música popular brasileira, como o primeiro de Tom Jobim lançado nos Estados Unidos (vencedor do Grammy de 1963), os trabalhos da estréia fonográfica de Nara Leão, Edu Lobo, Roberto Menescal, Baden Powell etc.

Pão de Açúcar

8

Eu não existo sem vocês

Utiliza-se o material disponível para escrever a história e, por falta de mais informação, muitas vezes, fica muito por se contar. Localizar o nascimento da bossa nova é tarefa das mais fáceis e parece não haver dúvidas de que o 78 RPM *Chega de saudade*, de João Gilberto é o marco zero. Ao discutir se o divisor de águas não seria *Canção do amor demais*, de Elizeth Cardoso, na verdade, o que está em dúvida não é o parto desses discos, e sim, a gestação, o casamento, o namoro e até mesmo o flerte – onde começa, afinal?

Parece mais aceitável a idéia de que tudo faz parte do processo de transformação e se há aqueles que se destacaram como ícones do movimento é justo lembrar que existiram os anônimos e esquecidos, que ficaram à margem por razões desconhecidas. Um exército de soldados bossanovistas foi ao campo de batalha, alguns saíram vitoriosos, outros tombaram. Todos são heróis, mas fizemos uma seleção de craques da bossa nova. João Gilberto é Garrincha, Tom Jobim é Pelé. Nesse time não tem perna-de-pau e ninguém dá pontapé.

Tom Jobim

Antônio Carlos Brasileiro de Almeida Jobim nasceu no dia 25 de janeiro de 1927, no Rio de Janeiro.

Aprendeu a tocar piano com Lúcia Branco, Tomás Teran e Paulo Silva, e mais tarde aprimorou seus estudos com Hans Joachim Koellreutter, um verdadeiro mestre da música no Brasil. Também tocava violão, que aprendeu com os tios João Lira Madeira, violonista clássico, e Marcelo Brasileiro de Almeida, violonista popular e cantor amador.

Começou a estudar Arquitetura – chegou a fazer estágio num escritório no centro do Rio –, mas desistiu para se dedicar à música. Em 1949, quando se casou com Tereza, passou a tocar na noite. Em 1952, recebeu convite para trabalhar na gravadora Continental, como assistente do maestro Radamés Gnatalli. Sua função era escrever a partitura de melodias de compositores sem conhecimento da escrita musical.

- 1954: compôs a *Sinfonia do Rio de Janeiro*, com Billy Blanco. Dois anos depois, conheceu o poeta e diplomata Vinícius de Moraes e com ele escreveu o musical *Orfeu da Conceição*, que estreou no Teatro Municipal do Rio de Janeiro com grande sucesso. A peça virou filme pelas mãos do cineasta francês Marcel Camus, e projetou Tom Jobim internacionalmente.

- 1958: foi arranjador e principal compositor do disco *Chega de saudade*, de João Gilberto, marco da bossa nova. Tom Jobim também arranjou os álbuns seguintes do cantor e foi autor de várias músicas.

- 1962: participou do concerto de apresentação da bossa nova no Carnegie Hall e foi aclamado pelo público norte-americano. Morou nos Estados Unidos durante alguns anos e sedimentou seu nome no meio artístico mundial. Sobre as idas e vindas que a carreira solicitava, Tom Jobim, bem-humorado, dizia:

  – Morar nos Estados Unidos é bom, mas é uma porcaria. Morar no Brasil é uma porcaria, mas é bom.

- 1967: gravou com Frank Sinatra o disco que ganhou o Grammy de Melhor Álbum, com músicas como *Garota de Ipanema, Dindi, Inútil paisagem* etc.

- 1974: gravou o disco *Elis & Tom* com os grandes sucessos *Chovendo na roseira, Triste, Só tinha de ser com você, Corcovado* e *Inútil paisagem*, mas uma música se destacou e virou *hit* mundial: *Águas de março*. Ela teve uma carreira espetacular nos Estados Unidos, ficando entre as mais executadas nas rádios norte-americanas

Frank Sinatra

(bateu a marca de um milhão, ao lado de *Yesterday*, dos Beatles, e outras).

- 1976: com direção de Aloysio de Oliveira, fez uma temporada no Canecão, no Rio de Janeiro, com Toquinho, Vinícius e Miúcha. O *show*, programado para ficar poucas semanas em cartaz, ficou quase um ano, e rendeu disco gravado ao vivo.
- 1981: Ella Fitzgerald gravou um álbum duplo com 19 canções de Tom Jobim e parceiros. Dois anos depois, Tom compôs a trilha sonora do filme *Gabriela*, de Bruno Barreto, e com Chico Buarque e Djavan as músicas originais de *Para viver um grande amor*.
- 1985: compôs a trilha sonora da minissérie *O tempo e o vento*, baseada na obra de Érico Veríssimo, exibida na Rede Globo.

Tom Jobim morreu em Nova York, aos 67 anos.

João Gilberto

João Gilberto Prado Pereira de Oliveira nasceu no dia 10 de junho de 1931, em Juazeiro/BA.

Iniciou sua carreira profissional em 1949, integrando o elenco da Rádio Sociedade da Bahia, onde permaneceu até o ano seguinte. Mudou-se para o Rio de Janeiro e foi cantor do conjunto vocal Garotos da Lua (inspirado no Bando da Lua, que acompanhava Carmem Miranda), que gravou apenas dois discos de 78 RPM, pela gravadora Todamérica. No ano seguinte, lançou seu primeiro disco solo pela gravadora Copacabana.

Com o início nada promissor, João Gilberto saiu de cena e foi morar um tempo em Porto Alegre, e depois no interior de Minas, com a família. Voltou com tudo em 1958, acompanhando a cantora Elizeth Cardoso ao violão na gravação de *Chega de saudade* e *Outra vez*, no disco *Canção do amor demais*.

No dia 10 de julho de 1958, lançou um 78 RPM com *Chega de saudade* e *Bim bom*, e virou a página da modernidade na música popular brasileira. No mesmo ano, lançou *Desafinado* e *Oba-la-lá* – essas quatro faixas fizeram parte do primeiro *long playing Chega de saudade*, lançado pela Odeon, com produção musical de Aloysio de Oliveira e arranjos de Tom Jobim. No repertório, João Gilberto incluiu novos autores, como Carlos Lyra e Ronaldo Bôscoli (*Lobo bobo* e *Saudade fez um samba*), além dos já gravados nos 78 RPM Tom Jobim, Newton Mendonça e Vinícius de Moraes. Também incluiu antigos sucessos com nova roupagem: *Morena boca de ouro* (Ary Barroso e Luís Peixoto), *É luxo só* (Ary Barroso), *Rosa morena* (Dorival Caymmi), e *Aos pés da cruz* (Marino Pinto e Zé da Zilda).

• 1960: lançou outro *long playing* com sucessos da bossa nova e cristalizou seu nome como um fenômeno da música popular brasileira. Esse disco *O amor, o sorriso e a flor* foi lançado no mercado norte-americano no ano seguinte com o nome *Brazil's brilliant João Gilberto*.

- 1962: participou do show *O Encontro* com Tom Jobim, Vinícius de Moraes, Milton Banana e Os Cariocas, na boate Au Bon Gourmet, e em novembro viajou aos Estados Unidos para participar do Concerto no Carnegie Hall de Nova York. O sucesso foi tão espetacular que João Gilberto ficou morando nos Estados Unidos, apresentando-se, também, no Village Gate em Nova York e no Lisner Auditorium em Washington.

- 1964: lançou *Getz/Gilberto*, com a participação da cantora Astrud Gilberto na faixa *The girl from Ipanema*, e ficou 96 semanas entre as músicas mais tocadas. O *long playing* foi um dos 25 mais vendidos do ano, o que lhe valeu o Grammy de 1965 (Melhor Álbum). Em 1966, foi lançado nos Estados Unidos o disco *Getz/Gilberto nº 2*.

  A carreira de João Gilberto ganhou força nos Estados Unidos e o cantor apresentou-se no Village Vanguard: em Nova York, no Hollywood Bowl, em Los Angeles, no Central Park, em Nova York, no Bird's Nest em Washington e no Rainbow Grill, em Nova York.

- 1969: mudou-se para o México onde participou de festivais de *jazz* em Guadalajara, Puebla e Cidade do México. No Museu da Cidade do México recebeu o Troféu Chimal.

- 1980: voltou a morar no Rio de Janeiro e gravou o especial *João Gilberto Prado Pereira de Oliveira*, na Rede Globo, com participações de Bebel Gilberto e Rita Lee – depois lançado em disco pela WEA.

  João Gilberto continua ativo e moderno. O estilo de tocar e cantar é inimitável. Seu nome é referência na música popular brasileira e mundial. Tem admiradores nos quatro cantos do mundo. Um coisa é certa: quem gosta ama, quem não gosta, odeia. João Gilberto é único.

Vinícius de Moraes

Marcus Vinícius da Cruz de Melo Moraes nasceu no dia 19 de outubro de 1913, no Rio de Janeiro.

Em 1932, teve sua primeira música gravada, o *foxtrote Loura ou morena*, feita em parceria com Haroldo Tapajós. No ano seguinte, publicou o primeiro livro, *O caminho para a distância*. Tornou-se amigo dos poetas Manuel Bandeira, Oswald de Andrade e Mário de Andrade e em 1935 recebeu o Prêmio Felipe d'Oliveira pelo livro *Forma e exegese*.

Nos anos 1940, publicou *Cinco elegias* (1943), *Poemas, sonetos e baladas* (1946), ilustrado por Carlos Leão; foi crítico de cinema em diversos jornais, e, em 1947, lançou a revista *Filme*, com Alex Vianny.

Depois de uma temporada nos Estados Unidos como funcionário do Itamaraty, voltou ao Brasil em 1951 e colaborou no jornal *Última Hora*.

Em 1954, a peça *Orfeu da Conceição* foi premiada no concurso do 4º Centenário da Cidade de São Paulo e publicada na revista *Anhembi*; no ano seguinte, publicou a primeira antologia poética.

- 1956: *Orfeu da Conceição* foi montada no Teatro Municipal do Rio de Janeiro, com músicas de Tom Jobim e cenários de Oscar Niemeyer.

- 1957: várias canções de sua autoria foram gravadas: *Bom-dia, tristeza* (parceria com Adoniran Barbosa), por Aracy de Almeida, *Se todos fossem iguais a você* (parceria com Tom Jobim), por Tito Madi, *Eu não existo sem você* (parceria com Tom Jobim) por Bill Farr, e *Serenata do adeus*, por Agnaldo Rayol.

No ano seguinte, Elizeth Cardoso gravou o *long playng Canção do Amor Demais* com músicas de sua autoria e parcerias com Tom Jobim.

- 1962: juntamente com Tom Jobim, João Gilberto e Os Cariocas, fez na boate Au Bon Gourmet, no Rio de Janeiro/RJ, um dos mais importantes *shows* da bossa nova, *Encontro*, onde foram lançadas as músicas *Garota de Ipanema*, *Só danço samba*, *Insensatez*, *Ela é carioca* e *Samba do avião*.

- 1963: lançou pela gravadora Elenco um *long playing* com a atriz Odete Lara, cantando *Berimbau*, *Só por amor*, *Mulher carioca* e *Samba em prelúdio*, todas em parceria com Baden Powell.

- 1965: ganhou o primeiro e o segundo lugares do I Festival Nacional de Música Popular Brasileira, da TV Excelsior, com *Arrastão* (parceria com Edu Lobo), defendida por Elis Regina, e *Valsa do amor que não vem* (parceria com Baden Powell), defendida por Elizeth Cardoso.

- 1968: foi aposentado do Itamaraty pelo AI-5, depois de mais de 20 anos de serviços prestados.

- 1969: fez suas primeiras parcerias com o violonista Toquinho, entre elas, *Tarde em Itapoã*, *Como dizia o poeta* e *Testamento*, e a dupla realizou uma série de *shows* pelo Brasil, percorrendo o circuito universitário e excursionando pelo exterior.

- 1971: gravou o primeiro disco em parceria com Toquinho, pela RGE, e no ano seguinte lançou *São demais os perigos dessa vida*, com músicas que se tornaram grandes sucesso da dupla, como *Para viver um grande amor*, *Regra três* e *Cotidiano nº 2*.

- 1975: gravou em Milão, Itália, *O poeta e o violão*, e *Toquinho e Vinícius*, no Brasil, com *Onde anda você*, parceria com Hermano Silva que fez enorme sucesso. Nesse mesmo ano, lançou *A arca de Noé*, livro de poemas infantis que, alguns anos depois, foram musicados por Toquinho e se transformou em especial da Rede Globo.

Letrista maior da bossa nova, Vinícius de Moraes foi parceiro de Pixinguinha, Tom Jobim, Adoniran Barbosa, Baden Powell, Carlos Lyra, Chico Buarque, Toquinho e até mesmo Bach.

Vinícius de Moraes morreu em 1980, com 67 anos.

Newton Mendonça

Newton Ferreira de Mendonça nasceu no dia 14 de fevereiro de 1927, no Rio de Janeiro.

Começou a estudar piano clássico aos 13 anos, o que lhe valeu o apelido de Semifusa. Em 1942, conheceu Tom Jobim, com quem viria a compor várias músicas de sucesso da bossa nova.

Iniciou a carreira profissional em 1950, tocando piano na Orquestra de Waldemar e, dois anos depois, foi contratado como pianista da boate Posto Cinco, onde revezava com Tom Jobim.

Sua primeira música gravada foi a parceria com Fernando Lobo *Você morreu pra mim*, no 78 RPM da cantora Dora Lopes.

Conhecido em Ipanema como Newton Maestro, sua primeira parceria com Tom Jobim, *Incerteza*, foi gravada por Mauricy Moura, em 1952, e no ano seguinte foi contratado pelas boates Mocambo e Mandarim – revezando com Johnny Alf.

Ainda em 1953, atuou nas boates Joá, Clube da Chave, Clube 36 e no Clube Tatuís. Em 1954, compôs o tema inicial do *Samba de uma nota só* que seria desenvolvido por Tom Jobim, gerando um dos maiores sucessos da bossa nova. No ano seguinte, Dalva de Oliveira gravou *Castigo* (outra parceria de Newton e Tom).

- 1956: foi pianista no Le Carroussel, Posto Cinco, Hotel Miramar, boate Ma Griffe e no lendário Beco das Garrafas, considerado o templo da bossa nova.
- 1957: Sylvia Telles gravou *Foi a noite* e, no ano seguinte, João Gilberto lançou *Desafinado* – as duas em parceria com Tom.
- 1959: Isaurinha Garcia gravou *Meditação* e Sylvia Telles gravou *Discussão*, parcerias com Tom Jobim. Em novembro desse ano sofreu o primeiro enfarte.
- 1960: João Gilberto lançou o *long playing O amor, o sorriso e a flor*, com *Meditação*, *Samba de uma nota só*, *Discussão* e *Desafinado*, todas em parceria com Tom Jobim, sedimentando de vez seu nome como um dos grandes compositores da bossa nova. Em junho, sofreu o segundo enfarte e ficou dez dias internado.

Newton Mendonça morreu no dia 22 de novembro de 1960, aos 33 anos, e deixou as canções inéditas *Sem você* e *Tristeza* (com Tom Jobim), *Adeus, Chico Viola, Ana Maria, Ela é chave de cadeia, Ipanema, Nega maluca, Palavras, Vento Frio* e *Você voltou tarde demais*, entre outras.

Aloysio de Oliveira

Aloysio de Oliveira nasceu no Rio de Janeiro, no dia 30 de dezembro de 1914.

Formou-se em odontologia, mas nunca exerceu a profissão porque começou a tocar e cantar ainda na adolescência, no Bloco do Bimbo (depois rebatizado de Bando da Lua). Aos 15 anos, conheceu Carmem Miranda, na casa do violonista Josué de Barros – o descobridor da Pequena Notável.

Em 1931, o Bando da Lua gravou seu primeiro disco e Aloysio conheceu figuras como Noel Rosa, Custódio Mesquita e Paulo Tapajós. Ao longo dessa década, o Bando da Lua gravou 33 discos e fez turnês pela Europa e América Latina.

A carreira de Aloysio decolou em pistas não imaginadas: em 1935, participou dos filmes *Alô, Alô, Brasil* e *Estudantes*, de Wallace Downey, e, no ano seguinte, *Alô, Alô, Carnaval*, de Adhemar Gonzaga. A experiência com o cinema foi fundamental em sua carreira, mas o acaso falou mais alto. Em 1939, quando acompanhava Carmen Miranda num *show* no Cassino da Urca, o empresário norte-americano Lee Shubert ofereceu-lhe um contrato para ir a Nova York. A cantora aceitou, mas impôs a condição de ter o Bando da Lua como acompanhante. Entre idas e vindas, a carreira de Aloysio de Oliveira ganhou impulso nos Estados Unidos.

Em 1940, Carmen Miranda assinou contrato com a 20th Century Fox para uma série de filmes em Hollywood. Aloysio participou de *Serenata tropical* e *Uma noite no Rio*, dirigidos por Irving Cummings. Nesse ano, conheceu Walt Disney, através de Gilberto Souto, um amigo brasileiro que trabalhava nos estúdios Disney. Aloysio passou a fazer parte da equipe de produção de filmes encomendados pelo governo norte-americano para a política de boa vizinhança com os países da América do Sul. Fez letra para o choro *Tico-tico no fubá*, de Zequinha de Abreu, interpretada no filme *Alô amigos*.

Depois da morte de Carmem Miranda, Aloysio voltou ao Brasil e trabalhou na gravadora Odeon. Também atuava na Rádio Mayrink Veiga, com Aurora Miranda e Vadico. Nesse momento entrou em cena a vivência dos anos nos Estados Unidos, onde se encarava o *show business* de maneira diferente do Brasil. Para o empresário norte-americano, o mundo do espetáculo era um negócio peculiar, mas um negócio. No Brasil, estávamos na base do improviso amadorístico, com lampejos profissionais. Sem perder o senso artístico, Aloysio colocou o faro empresarial a serviço da música e na Odeon lançou o disco *Chega de saudade*, de João Gilberto – aposta que poucos produtores teriam coragem de fazer.

Em 1962, teve papel decisivo na incursão bossanovística em terras norte-americanas, no Carnegie Hall, e, no ano seguinte, fundou a gravadora Elenco – que virou sinônimo de disco de bossa nova. Foi parceiro de Tom Jobim em alguns clássicos: *Só tinha de ser com você*, *Dindi*, *Inútil paisagem*, *Demais*, *Eu preciso de você* e *Samba torto*.

Suas músicas foram gravadas por Ella Fritzgerald, Frank Sinatra, Tom Jobim, Elis Regina, Nara Leão, Lúcio Alves, Dick Farney, Caetano Veloso, Nana Caymmi, Maysa, Alaíde Costa, Agostinho dos Santos, Sylvia Telles, Sérgio Mendes, Os Cariocas, Elizeth Cardoso, Eumir Deodato entre outros.

Aloysio de Oliveira morreu em Los Angeles, EUA, no dia 20 de fevereiro de 1995.

Carlos Lyra

Carlos Eduardo Lyra Barbosa nasceu no dia 11 de maio de 1939, no Rio de Janeiro.

Em 1954, compôs sua primeira música, *Quando chegares*, e frequentava o bar do Hotel Plaza junto com Sylvia Telles, João Gilberto, Lúcio Alves, Luiz Eça e João Donato, para ouvir o pianista Johnny Alf tocar músicas norte-americanas e brasileiras com harmonizações sofisticadas. No ano seguinte, Sylvia Telles gravou um compacto simples com *Menina*, de sua autoria, e *Foi a noite*, de Tom Jobim e Newton Mendonça.

- 1956: Os Cariocas gravaram *Criticando*, letra e música de Carlos Lyra, e em 1957 iniciou parceria com Ronaldo Bôscoli e compôs *Lobo bobo* e *Se é tarde me perdoa*, que João Gilberto gravaria nos discos *Chega de Saudade* e *O amor, o sorriso e a flor*. No ano seguinte, gravou seu primeiro *long playing Carlos Lyra Bossa Bossa*, com contracapa escrita por Ary Barroso.

- 1960: começou a parceria com Vinícius de Moraes, criando clássicos da bossa nova, como *Você e eu*, *Coisa mais linda*, *Primavera* e *Minha namorada*. Compôs as trilhas das peças *Maroquinhas Fru-Fru*, de Maria Clara Machado, *A mais valia vai acabar, seu Edgar*, de Oduvaldo Vianna Filho, e lançou o *Carlos Lyra*, seu segundo *long playing*.

- 1961: juntamente com Oduvaldo Vianna Filho, Ferreira Gullar e outros, fundou o Centro Popular de Cultura, da União Nacional dos Estudantes (UNE), musicou peças de Maria Clara Machado, Chico de Assis e lançou o terceiro disco *Depois do Carnaval*.

- 1962: apresentou-se em concerto do Carnegie Hall, de Nova York, e compôs com Vinícius de Moraes o musical *Pobre menina rica*. No ano seguinte, compôs com Vinícius de Moraes o Hino da UNE e a música original do filme *Bonitinha mas ordinária*, baseado na obra de Nelson Rodrigues.

- 1965: sua peça infantil *O dragão e a fada* foi premiada no então Estado da Guanabara, e fez as primeiras parcerias originais em inglês: *It only could happen with you*, com Norman Gimbel, e *A certain sadness*, com John Court – esta gravada por Astrud Gilberto. No ano seguinte, a música original do filme *O padre e a moça* recebeu o prêmio de melhor música, e as de *Pobre menina rica* foram premiadas como melhor partitura musical para espetáculos.

- 1967: lançou no México o disco *Carlos Lyra*, gravado pela Capitol e no ano seguinte criou 20 trilhas musicais para curtas-metragens das Olimpíadas do México. Nesse mesmo ano, o musical *Pobre menina rica*, com tradução de Gabriel García Márquez, foi apresentado no México. Ainda no México, a peça infantil *O dragão e a fada* foi montada no Teatro de la Danza, com o título *¿Alguién dijo Dragon?*, e recebeu cinco prêmios (texto, direção, música, cenários e figurinos).

- 1971: voltou ao Brasil e lançou o disco *...E no entanto é preciso cantar*, com participações de Kate Lyra e Chico Buarque.

Nara Leão

Nara Lofego Leão nasceu em Vitória, ES, no dia 19 de janeiro de 1942.

Quando João Gilberto lançou o disco que desencadeou o movimento, Nara Leão tinha 16 anos, era uma moça que fazia aulas de violão com Sólon Ayala e Patrício Teixeira.

No apartamento dos pais de Nara, Jairo e Altina, na Avenida Atlântica, em Copacabana, aconteciam saraus onde se tocava desde os sucessos lançados recentemente até os futuros sucessos de compositores presentes que mostravam canções recém-criadas: Roberto Menescal, Carlos Lyra, os irmãos Castro Neves, Sérgio Mendes, Chico Feitosa e Ronaldo Bôscoli – seu namorado.

Nara estreou profissionalmente em 1963, no musical *Pobre menina rica*, de Vinícius de Moraes e Carlos Lyra, na Boate Au Bon Gourmet. No ano seguinte, com João do Valle e Zé Ketti, estrelou o *show Opinião*, de autoria de Armando Costa, Oduvaldo Vianna Filho e Paulo Pontes, com direção de Augusto Boal, no Teatro Opinião, RJ.

Nara Leão teve uma carreira de mais de 35 anos, alternando o resgate de sambistas do morro, como Cartola, Nelson Cavaquinho, Elton Medeiros, Zé Ketti, com gravações de canções inéditas de Edu Lobo, Baden Powell, Chico Buarque, Sidney Miller, Carlos Lyra e Vinícius de Moraes.

Apesar de ter proporcionado encontros fundamentais para o desenvolvimento da bossa nova entre os jovens cariocas dos anos 1950, o título de musa só lhe cabe pelo fato de Nara Leão ter sido uma moça graciosa e inteligente, de gosto apurado, e tocar violão e cantar com os amigos que se destacariam como pioneiros da bossa nova.

Nara Leão

Os momentos mais marcantes de sua carreira foram de discos de canções de resistência à ditadura militar e poucos foram os de despreocupação tipicamente bossanovista, com barquinhos, canções de amor demais e oba-la-lás.

No final dos anos 1970, quando lançou um disco de releituras de músicas de Roberto e Erasmo Carlos, dois compositores que passaram ao largo dos problemas políticos pós-1964, Nara optou por um título que parecia justificativa pela escolha: *...E que tudo o mais vá pro inferno*, porque

sua imagem estava mais ligada à resistência à ditadura do que ao canto descompromissado. O disco, produzido por Roberto Menescal, deu outra dimensão à obra de Roberto e Erasmo Carlos, fazendo justiça à dupla de grandes compositores: a alienação soou lírica, a simplicidade virou bom gosto.

Nara mostrou muita bossa numa carreira espontânea e artisticamente bem administrada, e se o cargo de musa da bossa nova é certamente exagerado, tirar seu título de "os joelhos mais lindos da MPB" ninguém ousaria.

Nara morreu no Rio de Janeiro, em 1989, aos 47 anos.

Johnny Alf

Alfredo José da Silva nasceu no dia 19 de maio de 1929, no Rio de Janeiro.

Começou a estudar piano aos nove anos, com a professora Geni Borges, e, depois de estudar música erudita, aos 14 anos, demonstrou também interesse pela música popular. Os autores favoritos eram Nat King Cole, George Gershwin e Cole Porter.

Estudou no Colégio Pedro II, onde formou o seu primeiro conjunto, e através do colégio fez contatos no Instituto Brasil

Estados Unidos (IBEU) para estudar inglês. No IBEU, fundou um clube onde realizava audições semanais, saraus, audições de discos novos, filmes, *shows* e debates sobre música brasileira e norte-americana.

Frequentava também o Sinatra-Farney Fã Club, junto com Tom Jobim, Luiz Bonfá, João Donato, Paulo Moura, Nora Ney e Doris Monteiro.

Em 1952, iniciou sua carreira profissional como pianista da Cantina do César, do radialista César de Alencar, graças à indicação de Dick Farney e Nora Ney.

Suas primeiras composições gravadas foram *Estamos sós*, *O que é amar* e *Escuta*, no disco *Convite ao romance*, de Mary Gonçalves. No mesmo ano, passou a integrar o conjunto fundado pelo violonista Fafá Lemos para se apresentar na boate Monte Carlo.

Lançou o primeiro disco pela gravadora Sinter, com as faixas *Falsete* (de sua autoria) e *De cigarro em cigarro*, de Luiz Bonfá. Em 1953, duas músicas de sua autoria ganharam destaque: *Céu e mar* e *Rapaz de bem*, consideradas precursoras da bossa nova.

Em 1955, mudou-se para São Paulo, contratado para tocar na boate Baiúca e no bar Michel. Apenas em 1961 gravou seu primeiro *long playing Rapaz de bem*, que incluía *Ilusão à toa*, um grande sucesso.

Apesar de convidado pelo compositor Chico Feitosa para tocar no *show* de bossa nova do Carnegie Hall de Nova York, preferiu permanecer em São Paulo. No mesmo ano voltou ao Rio de Janeiro para tocar no Bottle's Bar, junto com o Tamba Trio, Sérgio Mendes, Luis Carlos Vinhas e Sylvia Telles.

Em 1967, participou do 3º Festival de Música Popular Brasileira, promovido pela TV Record, com a música *Eu e a brisa*, interpretada por Márcia. Injustamente desclassificada nas eliminatórias, a música tornou-se um dos maiores sucessos de sua carreira – com todos os méritos, pois é uma música de rara beleza, daquelas que nascem clássicas.

Uma de suas composições mais requisitadas, *Rapaz de bem*, foi gravada no exterior pelo pianista argentino Lalo Schifrin.

Johnny Alf continua tocando piano em bares, restaurantes e eventos especiais, como o de homenagem a Noel Rosa, no Sesc Pompéia, onde mostrou toda sua musicalidade e o gosto refinado.

Ronaldo Bôscoli

Ronaldo Fernando Esquerdo Bôscoli nasceu no dia 27 de outubro de 1929, no Rio de Janeiro.

Sobrinho-neto de Chiquinha Gonzaga, Bôscoli começou como repórter esportivo do jornal *Diário da Noite*.

Em 1957, participou de reuniões musicais de núcleos bossanovistas na casa de Nara Leão, sua namorada. Escrevia crônicas para o jornal *Última Hora* e foi um dos primeiros a usar o nome bossa nova para se referir ao "samba moderno" que seus parceiros Roberto Menescal, Carlos Lyra, Luiz Eça e Sylvia Telles apresentaram num dos primeiros shows da turma da bossa nova, na Hebraica, no Rio de Janeiro.

Sua primeira música gravada foi *Sente* (parceria com Chico Feitosa), incluída no *long playing OOOOOOOOH Norma*, de Norma Bengell, lançado em 1959. No mesmo ano, o *long playing* de estréia de João Gilberto, tem duas canções em parceria com Carlos Lyra: *Lobo bobo* e *Saudade fez um samba*.

Apesar da importância de estar no disco de estréia de João Gilberto, sua música mais conhecida é *O barquinho*, parceria com Roberto Menescal, que tem dezenas de gravações no Brasil e no exterior.

Na década de 1960, ao lado de Luiz Carlos Miéle, produziu *shows*, como a turnê de Wilson Simonal e Luiz Carlos Vinhas na Europa, e também o programa *O Fino da Bossa*, na TV Record, comandado por Elis Regina e Jair Rodrigues.

Na década de 1970, também com Luiz Carlos Miéle, passou a escrever e produzir os *shows* de Roberto Carlos, e essa parceria com o cantor durou 24 anos. No decorrer de sua carreira também foi produtor de discos, como *Elis e Miéle no Teatro da Praia*, gravado ao vivo e lançado em 1982.

Além dos parceiros Roberto Menescal, Carlos Lyra, Chico Feitosa e Luiz Carlos Vinhas, também teve músicas gravadas por João Gilberto, Elizeth Cardoso, Elis Regina, Lúcio Alves, Sylvia Telles, Os Cariocas, Leila Pinheiro, Alaíde Costa, Wanda Sá, Pery Ribeiro, Flora Purim, Agostinho dos Santos, Leny Andrade, Claudette Soares, Tito Madi, Maysa, Tamba Trio, Walter Wanderley, Sílvio César, Nara Leão, Laurindo de Almeida e João Donato, entre outros.

Ronaldo Bôscoli morreu no dia 11 de novembro de 1994.

Roberto Menescal

Roberto Batalha Menescal nasceu no dia 25 de outubro de 1937, em Vitória, ES.

Capixaba criado em Copacabana, começou a estudar piano em 1950, com a tia, Irma Menescal. Também aprendeu acordeão, mas em 1954 optou pelo violão, no começo como autodidata, mas depois fez aulas com Edinho, do Trio Irakitan. Estudou teoria, harmonia e contraponto com os maestros Guerra Peixe e Moacir Santos.

Iniciou a carreira profissional em 1957, acompanhando Sylva Telles em turnê de *shows* pelo país.

- 1958: em sociedade com Carlos Lyra, abriu uma academia de violão em Copacabana e no mesmo ano formou o Conjunto Roberto Menescal, com Luiz Carlos Vinhas, Bebeto, Henrique e João Mário, que acompanhou artistas como Sylvia Telles, Maysa, Vinícius de Moraes, Dorival Caymmi, Aracy de Almeida e Billy Blanco.

Ao lado de Sylvia Telles, Carlos Lyra e outros artistas, participou de um show histórico no Clube Hebraica, RJ, um dos primeiros registros da bossa nova.

- 1959: teve sua primeira canção gravada, *Jura de pombo* em parceria com Ronaldo Bôscoli, no disco de Alaíde Costa.

Seu maior sucesso é a música *O barquinho* com Bôscoli, que teve diversas gravações no Brasil e exterior, um clássico da bossa nova, ao lado de outras parcerias com Ronaldo Bôscoli, como *Nós e o mar*, *Rio* e *Você*.

- 1962: acompanhou Maysa em turnê pela Argentina e foi contratado pela TV Rio para acompanhar cantores em programas da emissora, e participou do concerto de bossa nova no Carnegie Hall de Nova York.

- 1970: compôs as trilhas sonoras *Assim na terra como no céu* (com Nonato Buzar e Paulinho Tapajós), *Tema de Suzy* e *Amiga* (ambas com Paulinho Tapajós, para a novela *Assim na terra como no céu*, da Rede Globo.

- 1972: *A velha casa* e *Um dia no circo* – as duas com Paulinho Tapajós –, para a novela *Tempo de viver*, da Rede Bandeirantes

Fez a música-título do filme *Bye bye Brasil*, em parceria com Chico Buarque. Compôs trilhas para *Joana francesa*, de Cacá Diégues, e *Vai trabalhar vagabundo*, de Hugo Carvana.

De 1970 a 1985, foi produtor, diretor artístico e gerente geral da gravadora Polygram e, atualmente, Roberto Menescal é dono da gravadora Albatroz. Produz discos de vários artistas e tem se apresentado nos palcos de todo o mundo com turnês de bossa nova.

9

A nova da bossa

Os anos se passaram e a bossa nova não envelheceu. Dirão alguns que música não envelhece. E estão certos. Nada mais inapropriado que qualificar músicas pelo tempo de existência. Alguém cometeria a insanidade de dizer que Bach é velho? Claro que não. Mesmo porque para quem ouve pela primeira vez, é novidade. O fator qualidade eterniza a arte. É o caso da bossa nova, mal comparando Jobim com Chopin.

Boas músicas resistem a qualquer releitura. Transformam-se peças de Mozart[28] e Beatles[29] em chorinho, xote vira *reggae* e vice-versa. Quando a música é bem feita, tarefa ingrata é torná-la feia, dá muito trabalho e ela resiste. É como a mulher bonita vestida com farrapos: no fundo se vislumbra beleza.

Quando nasceu no Rio de Janeiro, a bossa nova era o espelho da leveza carioca: ampla, luminosa, estimulante

---

[28] O flautista Altamiro Carrilho adaptou peças eruditas para o chorinho. O resultado é fantástico.
[29] O músico carioca Henrique Cazes gravou um CD com músicas dos Beatles em ritmo de choro.

No sentido horário, John Lennon, Paul McCartney,
George Harrison e Ringo Star (Os Beatles)

– como a imagem da cidade. Ganhou o mundo e se inter-
nacionalizou, exportando a paisagem sonora brasileira com
melodias e letras inspiradas. A bossa nova renovou a auto-
estima do brasileiro, colonizou o mundo musical, porque
não é possível resistir à sua beleza.

Como sempre acontece, um dia a novidade deixa de ser
novidade, as pessoas abandonam o novo de ontem e elegem

o novo de hoje. Aconteceu com a bossa nova. Alguns anos depois de assombrar o Brasil, foi assimilada. Os arautos da bossa nova deixaram de ser profetas em sua terra, não faziam milagres. Foram cantar noutra freguesia: o mundo se tornou freguês da bossa nova, todos querem ouvir os artistas brasileiros, ao vivo. Festivais de *jazz* espalhados pelos quatro cantos se tornaram o caminho natural para o músico brasileiro.

De tempos em tempos, a bossa nova é "descoberta": nos anos 1980, na Inglaterra, virou referência de artistas em início de carreira, como a cantora Sade. Assimilando o ritmo sem o suingue brasileiro, mas com a melhor das boas intenções, criaram o que a imprensa classificou de *new bossa* – o verdadeiro "samba para inglês ver".

Depois disso, a bela bossa adormeceu por mais alguns anos e um príncipe chamado música eletrônica[30] deu-lhe o beijo do despertar, fazendo-a ressurgir em *samplers*[31], diluída em canções re-construídas a partir da tecnologia da informática. Pegam alguns compassos da bateria de Milton Banana, "sampleiam", multiplicam e está criada a base para uma "nova" bossa.

---

[30] Para simplificar o entendimento rápido, a imprensa cria rótulos que em 99% dos casos em vez de explicar, confundem. O que seria música eletrônica? O contrário de música não-eletrônica? Mais uma vez, a mesma teoria: só existe música, linguagem abstrata, eterna, sem tempo, sem pátria. Música vem do planeta Música. Na Terra, vira som, a gente ouve, alguns classificam, mas não é necessário.

[31] Através do *sampler* é possível separar trechos de músicas e copiar apenas a parte que interessa. Picotando frases musicais e rítmicas, muita gente que tem mais habilidade em informática do que em música, "compõe" utilizando Detalhes de uma e outra. Às vezes, o resultado é surpreendentemente bom. Talento faz a diferença entre artista e artesão.

Os muito puristas ficam chocados com isso, consideram apropriação indevida, mas há que se lembrar que não existe criação pura, tudo se transforma, inclusive na música.

Sendo país de economia periférica, o Brasil ainda é aquele paraíso tropical que exporta riquezas naturais para o consumidor europeu e norte-americano. Vendemos borracha e compramos pneu. O colonizador cultural colhe material sonoro de alta qualidade – bossa nova, claro! –, insere num programa de computador, que o reprocessa, e o resultado é a "nova" bossa nova, com sotaque gringo.

Os olhos já não podem ver

A bossa nova se reinventa, ano a ano, sem perdas. Tentar aniquilar sua brasilidade é trabalhar em vão. Ela tem a capacidade de se esconder em outras formas e, com a discrição que a caracteriza, ficar evidente no subsolo musical.

Como Macunaíma[32] que ao sair de seu sítio pendurou a consciência no alto de uma árvore para não ser contaminado pelas idéias da civilização, a bossa nova partiu mundo afora, cheia de inteligência e beleza, mas ao invés de ser influenciada, influenciou outras músicas. Há quem acredite que sua consciência esteja pendurada no alto do Corcovado. Outros garantem que está no topo do Cristo Redentor. Como lá subiu, ninguém sabe, ninguém viu.

---

[32] Personagem do escritor modernista Mário de Andrade (1893-1945).

Outras leituras, outras visões

ALMIRANTE. *No tempo de Noel Rosa*. Rio de Janeiro: Francisco Alves, 1977.

BARBOSA, Orestes. *Samba: sua história, seus poetas, seus músicos e seus cantores*. Rio de Janeiro: Funarte, 1978.

CABRAL, Sérgio. *Antônio Carlos Jobim, uma biografia*. Rio de Janeiro: Lumiar, 1997.

_____ . *Nara Leão, uma biografia*. Rio de Janeiro: Lumiar, 2001.

CAMPOS, Augusto de. *Balanço da bossa e outras bossas*. São Paulo: Perspectiva, 2005.

CARPEAUX, Otto Maria. *Uma nova história da música*. Rio de Janeiro: Zahar, 1958.

CASTRO, Ruy. *Chega de Saudade: a história e as histórias da bossa nova*. São Paulo: Companhia das Letras, 1990.

CHEDIACK, Almir. *Bossa nova – songbook*, vol. 1, 2, 3 e 4. Rio de Janeiro: Lumiar, 1990.

_____. *Tom Jobim – songbook*, vol. 1, 2, 3 e 4. Rio de Janeiro: Lumiar, 1990.

_____. *Carlos Lyra – songbook, vol. 1 e 2*. Rio de Janeiro: Lumiar, 1990.

CRAVO ALBIN, Ricardo. *O livro de ouro da MPB – A história de nossa música popular de sua origem até hoje*. Rio de Janeiro: Ediouro, 2003.

DOMENICO, Guca. *O jovem Noel Rosa*. São Paulo: Nova Alexandria, 2003.

MACIEL, Luiz Carlos, CHAVES, Ângela. *Eles e eu – memórias de Ronaldo Bôscoli*. Rio de Janeiro: Nova Fronteira, 1994.

MARIZ, Vasco. *A canção brasileira*. Rio de Janeiro: Cátedra, 1980.

_____. *Vida musical*. Rio de Janeiro: Civilização Brasileira, 1997.

_____. *História da música no Brasil*. Rio de Janeiro: Nova Fronteira, 2000.

MEDAGLIA, Júlio. *Balanço da bossa nova in* CAMPOS, Augusto de. *Balanço da bossa e outras bossas*. São Paulo: Perspectiva, 2005.

MOTTA, Nelson. *Noites Tropicais*. Rio de Janeiro: Objetiva, 2000.

OLIVEIRA, Aloysio de. *De banda pra lua*. Rio de Janeiro: Record, 1983.

ROCHA BRITO, Brasil. *Bossa nova in* CAMPOS, Augusto de. *Balanço da bossa e outras bossas*. São Paulo: Perspectiva, 2005.

SEVERIANO, Jairo, MELLO, Zuza Homem de. *A Canção no Tempo – 85 anos de Músicas Brasileiras,* vol.1 e 2. São Paulo: Editora 34, 1998.

TINHORÃO, José Ramos. *Música Popular – um tema em debate*. São Paulo: Editora 34, 1997.

_____. *História social da música popular brasileira*. São Paulo: Editora 34, 1998.

WORMS, Luciana & COSTA, Wellington Borges. *Brasil século XX – Ao pé da letra da canção popular*. Curitiba: Positivo, 2005.

Sobre o autor

Guca Domenico, nome artístico de Carlos Augusto Mastrodomenico, músico, compositor, poeta e cronista nascido em Santa Cruz do Rio Pardo, SP, bacharel em Comunicação Social pela Faculdade Cásper Líbero, é um dos criadores do grupo Língua de Trapo. Colaborou na *Folhinha de São Paulo*, *Caros Amigos* e *Globo Rural*. Tem músicas gravadas por Língua de Trapo, Tetê Espíndola, Ana de Hollanda, Pena Branca (vencedor do Grammy Latino de Melhor Álbum de 2001), Passoca, Trovadores Urbanos e Gigi Acquas (Itália). Escreveu a peça teatral *Meias mentiras*, premiada no II Concurso de Dramaturgia da Secretaria de Estado da Cultura de São Paulo (2002). Trabalhou como ator em filmes publicitários dirigidos por João Moreira Salles, Clovis Melo e Walter Salles Jr.

Músicas & Letras

Cds: *Levando às intimas consequências* (1992); *Te vejo* (2001); *Clássicos brasileiros* (2003) e *Vislumbre* (2008). Livros:

Sete poemas e uma flor, 1988. *Um campeonato de piadas* (com Laert Sarrumor), 1999; *Gato pardo,* 2000; *1001 desculpas esfarrapadas,* 2003; *O jovem Noel Rosa,* 2003 (premiado com Altamente Recomendável" pela Fundação Nacional do Livro Infantil e Juvenil); *Zodíaco – coletânea de contos,* 2004; *O jovem Martin Luther King* (tradução e adaptação), 2005; *O jovem Santos DumontI, 2005* (em parceria com Lauret Godoy) (premiado como "Livro do Ano 2006" no Programa *São Paulo de Todos os Tempos,* Rádio Eldorado AM/SP); *1001 desculpas esfarrapadas de políticos,* 2006; *Olhe o desperdício, Coelho Felício,* 2007 em parceria com Neno Alves.

Site oficial: www.gucadomenico.com.br
Blog: www.musicopoeta.zip.net

IMPRESSÃO E ACABAMENTO:

YANGRAF Fone/Fax:
2095.77.22
e-mail:yangraf.comercial@tera.com.br